Magische Geschichten zum Träumen und Lernen: Englisch für Kinder

Artici English

Published by Artici English, 2024.

MAGISCHE GESCHICHTEN ZUM TRÄUMEN UND LERNEN: ENGLISCH FÜR KINDER

First edition. June 3, 2024.

ISBN: 979-8227420442

Written by Artici English.

Table of Contents

The Melodic Moo: A Tale of the Singing Cow

Once upon a time, in the quaint little village of Meadowbrook, there lived a most peculiar creature - a cow named Clarabelle. Now, Clarabelle was not your average cow. While other cows spent their days munching on grass and lazing about in the sun, Clarabelle had a rather extraordinary talent. She could sing!

Every morning, when the roosters crowed and the sun peeked over the horizon, Clarabelle would step out into the meadow and serenade the world with her melodious moo. Her voice was so enchanting that birds would stop their chirping to listen, and even the trees would sway in rhythm to her song.

The villagers couldn't believe their ears the first time they heard Clarabelle sing. They gathered around her, their jaws dropping in amazement as she filled the air with her beautiful melody. From that day on, Clarabelle became a beloved member of the community, and people from far and wide would come to Meadowbrook just to hear her sing.

But fame didn't go to Clarabelle's head. She remained as humble as ever, spending her days grazing in the meadow and entertaining anyone who cared to listen. She even befriended a group of mischievous mice who lived in the nearby barn, and they would often join her in impromptu jam sessions under the moonlight.

One day, a talent scout from the big city stumbled upon Meadowbrook and heard rumors of the singing cow. Intrigued, he set out to find Clarabelle and see if the rumors were true. When he heard her sing, he was utterly amazed. He knew he had to share her talent with the world.

The talent scout whisked Clarabelle away to the bustling city, where she was thrust into the spotlight. She performed on stages bigger than she had ever imagined, wowing audiences with her voice and stealing hearts wherever she went. But amidst the glitz and glamour of showbiz, Clarabelle couldn't help but feel homesick.

As the days passed, Clarabelle longed for the peaceful meadows of Meadowbrook and the familiar faces of her friends. She missed the simple joy of grazing in the sunshine and singing for the sheer pleasure of it. So, one night, she made a decision. She would return home, where her heart truly belonged.

The next morning, Clarabelle bid farewell to the bright lights of the city and set off on her journey back to Meadowbrook. When she finally arrived, the villagers greeted her with open arms, overjoyed to have her home once again. And as Clarabelle stepped out into the meadow and began to sing, it was as if the whole world sighed with contentment.

From that day on, Clarabelle continued to serenade the village with her sweet melodies, bringing joy and laughter to all who heard her. And though she may have traveled far and wide, there was truly no place like home for the singing cow of Meadowbrook.

Das Melodische Muhen: Eine Geschichte von der Singenden Kuh

Es war einmal in dem beschaulichen Dorf Meadowbrook, da lebte ein höchst merkwürdiges Wesen - eine Kuh namens Clarabelle. Nun, Clarabelle war keine gewöhnliche Kuh. Während andere Kühe ihre Tage damit verbrachten, Gras zu fressen und in der Sonne zu faulenzen, hatte Clarabelle ein ganz außergewöhnliches Talent. Sie konnte singen!

Jeden Morgen, wenn die Hähne krähten und die Sonne über den Horizont lugte, trat Clarabelle auf die Wiese hinaus und serenierte die Welt mit ihrem melodiösen Muhen. Ihre Stimme war so bezaubernd, dass die Vögel ihr Zwitschern einstellten, und selbst die Bäume im Rhythmus zu ihrem Lied schwankten.

Die Dorfbewohner konnten ihren Ohren kaum trauen, als sie Clarabelle zum ersten Mal singen hörten. Sie versammelten sich um sie, ihre Münder fielen vor Staunen offen, als sie die Luft mit ihrer wunderschönen Melodie erfüllte. Von diesem Tag an wurde Clarabelle ein geliebtes Mitglied der Gemeinschaft, und Menschen aus nah und fern kamen nach Meadowbrook, nur um sie singen zu hören.

Doch der Ruhm stieg Clarabelle nicht zu Kopf. Sie blieb so bescheiden wie eh und je, verbrachte ihre Tage damit, auf der Weide zu grasen und jeden zu unterhalten, der zuhören wollte. Sie freundete sich sogar mit einer Gruppe von schelmischen Mäusen an, die in der nahegelegenen Scheune lebten, und sie würden oft gemeinsam unter dem Mondschein spontane Jam-Sessions abhalten.

Eines Tages stolperte ein Talentsucher aus der großen Stadt über Meadowbrook und hörte Gerüchte von der singenden Kuh. Intrigiert machte er sich auf die Suche nach Clarabelle, um zu sehen, ob die Gerüchte wahr waren. Als er sie singen hörte, war er vollkommen erstaunt. Er wusste, er musste ihr Talent mit der Welt teilen.

Der Talentsucher entführte Clarabelle in die quirlige Stadt, wo sie ins Rampenlicht gestellt wurde. Sie trat auf Bühnen auf, die größer waren, als sie es sich je vorgestellt hatte, begeisterte das Publikum mit ihrer Stimme und eroberte Herzen, wohin sie auch ging. Doch mitten im Glanz und Glamour des Showbiz konnte Clarabelle nicht umhin, Heimweh zu verspüren.

Mit jedem Tag sehnte sich Clarabelle nach den friedlichen Weiden von Meadowbrook und den vertrauten Gesichtern ihrer Freunde. Sie vermisste die einfache Freude, in der Sonne zu grasen und einfach aus Spaß zu singen. Also traf sie eines Nachts eine Entscheidung. Sie würde nach Hause zurückkehren, wo ihr Herz wirklich hingehörte.

Am nächsten Morgen verabschiedete sich Clarabelle von den hellen Lichtern der Stadt und machte sich auf den Weg zurück nach Meadowbrook. Als sie endlich ankam, empfingen die Dorfbewohner sie mit offenen Armen, überglücklich, sie wieder zu Hause zu haben. Und als Clarabelle hinaustrat auf die Wiese und zu singen begann, war es, als ob die ganze Welt vor Zufriedenheit seufzte.

Von diesem Tag an serenierte Clarabelle das Dorf weiterhin mit ihren süßen Melodien und brachte Freude und Gelächter über alle, die sie hörten. Und obwohl sie weit gereist sein mag, gab es für die singende Kuh von Meadowbrook wirklich keinen Ort wie zu Hause.

Sparkle and the Magical Meadow

In the heart of the Enchanted Forest, where the trees whispered secrets to the wind and the flowers danced in the moonlight, there lived a most extraordinary creature - a unicorn named Sparkle. Now, Sparkle wasn't your average unicorn. While other unicorns spent their days prancing through meadows and admiring their reflections in crystal-clear streams, Sparkle had a rather unusual hobby. She loved to collect socks.

Yes, you read that right. Socks. Sparkle had a vast collection of socks of all colors, patterns, and sizes. She had socks with polka dots, stripes, and even socks adorned with tiny cupcakes. Her collection was the envy of all the other creatures in the forest, and Sparkle took great pride in her sock stash.

But Sparkle's love for socks often got her into trouble. You see, she had a habit of sneaking into the nearby village at night and borrowing socks from the clotheslines of unsuspecting villagers. She couldn't help herself - the allure of a new pair of socks was simply too much to resist.

One night, as Sparkle was tiptoeing through the village, she stumbled upon a particularly cozy-looking pair of socks hanging from a clothesline. Without hesitation, she snatched them up and galloped back into the forest, giggling with delight. Little did she know, those socks belonged to a young girl named Lily, who was fast asleep in her bed, dreaming of unicorns and rainbows.

The next morning, Lily woke up to find her favorite pair of socks missing. She searched high and low, but they were nowhere to be found. Distraught, she set out into the forest to search for her beloved socks, unaware of the mischievous unicorn who had taken them.

Meanwhile, Sparkle was admiring her newest addition to her sock collection when she heard a soft voice calling out to her. Startled, she turned around to see Lily standing before her, her eyes wide with wonder.

"You're a unicorn!" Lily exclaimed, her voice filled with awe.

"And you're a human!" Sparkle replied, equally amazed.

The two unlikely friends spent the day exploring the forest together, laughing and chatting as they searched for Lily's missing socks. Along the way, they encountered all sorts of magical creatures - from talking rabbits to mischievous fairies - but none of them had seen the missing socks.

As the sun began to set and the stars twinkled overhead, Lily realized that she didn't need her socks to be happy. She had found something even more precious - a true friend in Sparkle the unicorn. And as they watched the moon rise over the treetops, Lily knew that she would treasure their friendship forever.

From that day on, Sparkle stopped sneaking into the village to steal socks. Instead, she spent her days frolicking in the meadow with Lily, spreading joy and laughter wherever they went. And though she still had her beloved sock collection, nothing could compare to the happiness she found in the company of her newfound friend.

9

Funken und die Zauberwiese

Im Herzen des verzauberten Waldes, wo die Bäume Geheimnisse dem Wind zuflüsterten und die Blumen im Mondlicht tanzten, lebte ein außergewöhnliches Geschöpf - ein Einhorn namens Funken. Nun, Funken war kein gewöhnliches Einhorn. Während andere Einhörner ihre Tage damit verbrachten, durch Wiesen zu galoppieren und ihre Spiegelbilder in kristallklaren Bächen zu bewundern, hatte Funken ein recht ungewöhnliches Hobby. Sie liebte es, Socken zu sammeln.

Ja, du hast richtig gehört. Socken. Funken hatte eine riesige Sammlung von Socken in allen Farben, Mustern und Größen. Sie hatte Socken mit Punkten, Streifen und sogar Socken mit winzigen Cupcakes verziert. Ihre Sammlung war der Neid aller anderen Kreaturen im Wald, und Funken war sehr stolz auf ihren Sockenvorrat.

Aber Funken Liebe zu Socken brachte sie oft in Schwierigkeiten. Sie hatte nämlich die Angewohnheit, sich nachts in das nahe gelegene Dorf zu schleichen und Socken von den Wäscheleinen nichtsahnender Dorfbewohner zu "borgen". Sie konnte einfach nicht widerstehen - die Anziehungskraft eines neuen Paares Socken war einfach zu groß.

Eines Nachts, als Funken durch das Dorf schlich, stieß sie auf ein besonders gemütlich aussehendes Paar Socken, das an einer Wäscheleine hing. Ohne zu zögern schnappte sie sie und galoppierte zurück in den Wald, vor Freude kichernd. Sie wusste nicht, dass diese Socken einem kleinen Mädchen namens Lily gehörten, das in ihrem Bett fest schlief und von Einhörnern und Regenbogen träumte.

Am nächsten Morgen wachte Lily auf und stellte fest, dass ihr Lieblingspaar Socken verschwunden war. Sie suchte hoch und niedrig, aber sie waren nirgendwo zu finden. Bestürzt machte sie sich in den Wald auf, um nach ihren geliebten Socken zu suchen, ohne zu ahnen, dass das freche Einhorn sie genommen hatte.

In der Zwischenzeit bewunderte Funken ihre neueste Ergänzung zu ihrer Sockensammlung, als sie eine sanfte Stimme hörte, die sie ansprach. Erschrocken drehte sie sich um und sah Lily vor sich stehen, ihre Augen weit vor Staunen.

"Du bist ein Einhorn!" rief Lily aus, ihre Stimme voller Ehrfurcht.

"Und du bist ein Mensch!" erwiderte Funken ebenso erstaunt.

Die beiden ungewöhnlichen Freunde verbrachten den Tag damit, zusammen den Wald zu erkunden, lachend und plaudernd, während sie nach Lilys vermissten Socken suchten. Unterwegs trafen sie auf allerlei magische Kreaturen - von sprechenden Kaninchen bis zu schelmischen Feen -, aber keine von ihnen hatte die vermissten Socken gesehen.

Als die Sonne unterging und die Sterne über ihnen funkelten, erkannte Lily, dass sie ihre Socken nicht brauchte, um glücklich zu sein. Sie hatte etwas noch kostbareres gefunden - eine wahre Freundin in Funken dem Einhorn. Und während sie den Mond über den Baumwipfeln aufgehen sahen, wusste Lily, dass sie ihre Freundschaft für immer schätzen würde.

Von diesem Tag an hörte Funken auf, ins Dorf zu schleichen, um Socken zu stehlen. Stattdessen verbrachte sie ihre Tage damit, mit Lily auf der Wiese zu tollen, Freude und Lachen zu verbreiten, wohin sie auch gingen. Und obwohl sie immer noch ihre geliebte Sockensammlung hatte, konnte nichts mit dem Glück mithalten, das sie in der Gesellschaft ihrer neu gefundenen Freundin fand.

Rainbow's Remarkable Adventure

———

In the sleepy town of Sunnyville, where the sun always shone and the flowers bloomed in every hue imaginable, there lived a most extraordinary phenomenon - a rainbow named Rainbow. Now, Rainbow wasn't your average rainbow. While other rainbows spent their days arcing gracefully across the sky, Rainbow had a rather adventurous spirit. She longed to explore the world beyond Sunnyville and see all the wonders it held.

One day, as Rainbow stretched her vibrant colors across the sky, she spotted something glittering in the distance. Curious, she decided to investigate and see what lay beyond the familiar borders of Sunnyville.

As she ventured further and further from home, Rainbow encountered all sorts of marvels - from towering mountains to rushing rivers, from lush forests to sprawling deserts. Each new sight filled her with wonder and excitement, and she couldn't help but marvel at the beauty of the world around her.

But as the days passed and Rainbow journeyed deeper into the unknown, she began to feel a twinge of loneliness. She missed the familiar sights and sounds of Sunnyville, and she longed for the companionship of her fellow rainbows.

Just when Rainbow was beginning to feel homesick, she stumbled upon a quaint little village nestled in a valley. The villagers greeted her with open arms, marveling at her vibrant colors and welcoming her as one of their own.

It wasn't long before Rainbow made friends with the villagers and became a beloved member of the community. She spent her days painting rainbows across the sky and entertaining the children with her colorful tales of adventure.

But as much as she loved her new friends and the excitement of village life, Rainbow couldn't shake the feeling that something was missing. Deep down, she knew that Sunnyville was where she truly belonged.

With a heavy heart, Rainbow bid farewell to her newfound friends and set off on the long journey back home. Along the way, she encountered many obstacles - from stormy seas to treacherous mountains - but she pressed on, determined to return to Sunnyville.

Finally, after many days of travel, Rainbow arrived back in Sunnyville, where she was greeted with cheers and applause from the townsfolk. They had missed her vibrant colors and cheerful presence, and they were overjoyed to have her home once again.

From that day on, Rainbow continued to paint the skies of Sunnyville with her brilliant hues, bringing joy and wonder to all who beheld her. And though she still occasionally longed for adventure, Rainbow knew that there was truly no place like home.

Regenbogens bemerkenswertes Abenteuer

In der verschlafenen Stadt Sonnental, wo die Sonne immer schien und die Blumen in allen erdenklichen Farben blühten, lebte ein ganz außergewöhnliches Phänomen - ein Regenbogen namens Regenbogen. Nun, Regenbogen war kein gewöhnlicher Regenbogen. Während andere Regenbogen ihre Tage damit verbrachten, sich anmutig über den Himmel zu wölben, hatte Regenbogen einen recht abenteuerlichen Geist. Sie sehnte sich danach, die Welt jenseits von Sonnental zu erkunden und all die Wunder zu sehen, die sie bereithielt.

Eines Tages, als Regenbogen ihre lebhaften Farben über den Himmel spannte, entdeckte sie etwas Glitzerndes in der Ferne. Neugierig beschloss sie, zu untersuchen, was sich jenseits der vertrauten Grenzen von Sonnental verbarg.

Als sie sich weiter und weiter von zu Hause entfernte, stieß Regenbogen auf allerlei Wunder - von majestätischen Bergen bis zu reißenden Flüssen, von üppigen Wäldern bis zu ausgedehnten Wüsten. Jeder neue Anblick erfüllte sie mit Staunen und Aufregung, und sie konnte nicht anders, als die Schönheit der Welt um sich herum zu bewundern.

Aber mit jedem Tag, der verging, und je tiefer Regenbogen in das Unbekannte vordrang, begann sie, eine Spur von Einsamkeit zu spüren. Sie vermisste die vertrauten Anblicke und Geräusche von Sonnental und sehnte sich nach der Gesellschaft ihrer Mitregenbogen.

Gerade als Regenbogen anfing, Heimweh zu verspüren, stieß sie auf ein malerisches kleines Dorf, das in einem Tal eingebettet war. Die Dorfbewohner empfingen sie mit offenen Armen, bestaunten ihre lebhaften Farben und nahmen sie als eine von ihnen auf.

Es dauerte nicht lange, bis Regenbogen Freundschaft mit den Dorfbewohnern schloss und ein geliebtes Mitglied der Gemeinschaft wurde. Sie verbrachte ihre Tage damit, Regenbogen über den Himmel zu malen und die Kinder mit ihren bunten Abenteuergeschichten zu unterhalten.

Aber so sehr sie ihre neuen Freunde und die Aufregung des Dorflebens auch liebte, konnte Regenbogen das Gefühl nicht abschütteln, dass etwas fehlte. In ihrem Inneren wusste sie, dass Sonnental der Ort war, an dem sie wirklich hingehörte.

Mit einem schweren Herzen verabschiedete sich Regenbogen von ihren neu gefundenen Freunden und machte sich auf den langen Weg zurück nach Hause. Auf dem Weg dorthin traf sie viele Hindernisse - von stürmischen Meeren bis zu gefährlichen Bergen - aber sie drängte darauf, nach Sonnental zurückzukehren.

Schließlich, nach vielen Tagen der Reise, kam Regenbogen wieder in Sonnental an, wo sie mit Jubel und Applaus der Stadtbewohner empfangen wurde. Sie hatten ihre lebhaften Farben und fröhliche Präsenz vermisst und waren überglücklich, sie wieder zu Hause zu haben.

Von diesem Tag an malte Regenbogen weiterhin den Himmel von Sonnental mit ihren brillanten Farben, brachte Freude und Staunen über all jene, die sie sahen. Und obwohl sie gelegentlich noch nach Abenteuer sehnte, wusste Regenbogen, dass es wirklich keinen Ort wie zu Hause gab.

Twinkle Toes and the Enchanted Ballet

In the charming town of Tutuville, where the streets were lined with ribbons and the air was filled with the sound of music, there lived a most graceful dancer - a ballerina named Twinkle Toes. Now, Twinkle Toes wasn't your average ballerina. While other dancers spent their days practicing their pirouettes and perfecting their pliés, Twinkle Toes had a rather extraordinary gift. She could bring her dances to life with just a twirl of her toe shoes.

Every evening, as the sun dipped below the horizon and the stars began to twinkle in the sky, Twinkle Toes would slip on her shimmering tutu and take to the stage. With each graceful movement, she would weave a magical spell, enchanting all who watched with her ethereal beauty and effortless grace.

But Twinkle Toes' talent didn't go unnoticed. One night, as she danced under the moonlight, she caught the eye of a mysterious figure lurking in the shadows. The figure was none other than the mischievous Maestro, a whimsical conductor who had traveled from far and wide in search of the most talented performers.

Mesmerized by Twinkle Toes' performance, the Maestro approached her after the show and offered her a once-in-a-lifetime opportunity - to join his traveling circus and perform for audiences all around the world. Twinkle Toes was thrilled at the prospect of sharing her gift with others and eagerly accepted the Maestro's offer.

And so, Twinkle Toes bid farewell to Tutuville and set off on her grand adventure with the traveling circus. From the bustling streets of Paris to the snowy mountains of Switzerland, Twinkle Toes danced her way across the globe, bringing joy and wonder to all who saw her perform.

But amidst the glitz and glamour of circus life, Twinkle Toes couldn't help but feel a twinge of homesickness. She missed the familiar streets of Tutuville and the comforting embrace of her family and friends. And though she loved performing for audiences far and wide, she longed for the warmth and familiarity of home.

One night, as the circus made its way through a dense forest, Twinkle Toes stumbled upon a clearing bathed in moonlight. In the center of the clearing stood a magnificent oak tree, its branches reaching up to the heavens like outstretched arms. As Twinkle Toes approached the tree, she heard a soft, melodic voice calling out to her.

"Who goes there?" the voice asked, its tone gentle and soothing.

"It's me, Twinkle Toes," she replied, her heart racing with excitement.

To her astonishment, the voice belonged to none other than the Tree Spirit, a mystical guardian who had watched over the forest for centuries. The Tree Spirit had been captivated by Twinkle

Toes' dancing and had been waiting for the perfect moment to reveal herself.

Moved by Twinkle Toes' grace and talent, the Tree Spirit offered her a gift - the gift of a magical pair of ballet shoes, crafted from the branches of the ancient oak tree. With these shoes, Twinkle Toes would be able to harness the power of the forest and channel it into her dancing, creating performances unlike anything the world had ever seen.

Overjoyed by the Tree Spirit's generosity, Twinkle Toes slipped on the enchanted ballet shoes and danced beneath the stars, her movements weaving a tapestry of light and shadow. With each graceful leap and elegant pirouette, she felt the energy of the forest coursing through her veins, filling her with a sense of wonder and awe.

From that day on, Twinkle Toes continued to travel with the circus, but now she carried a piece of the forest with her wherever she went. With her magical ballet shoes by her side, she danced with a newfound sense of purpose and passion, inspiring audiences around the world with her breathtaking performances.

And though she may have traveled far and wide, Twinkle Toes knew that her true home would always be among the trees of Tutuville, where her journey had begun. And as she danced beneath the stars each night, she whispered a silent thank you to the Tree Spirit for the precious gift she had been given.

Glitzerfüßchen und das Verzauberte Ballett

In der bezaubernden Stadt Tutuville, wo die Straßen mit Bändern gesäumt waren und die Luft vom Klang der Musik erfüllt war, lebte eine anmutigste Tänzerin - eine Ballerina namens Glitzerfüßchen. Nun, Glitzerfüßchen war keine gewöhnliche Ballerina. Während andere Tänzerinnen ihre Tage damit verbrachten, ihre Pirouetten zu üben und ihre Plis zu perfektionieren, hatte Glitzerfüßchen eine eher außergewöhnliche Gabe. Sie konnte ihre Tänze mit nur einem Wirbel ihrer Spitzenschuhe zum Leben erwecken.

Jeden Abend, wenn die Sonne unter dem Horizont verschwand und die Sterne am Himmel zu funkeln begannen, würde Glitzerfüßchen ihr schimmerndes Tutu anziehen und die Bühne betreten. Mit jeder anmutigen Bewegung webte sie einen magischen Zauber, der alle, die zuschauten, mit ihrer ätherischen Schönheit und mühelosen Anmut verzauberte.

Doch Glitzerfüßchens Talent blieb nicht unbemerkt. Eines Nachts, als sie im Mondlicht tanzte, fiel sie einem mysteriösen Wesen auf, das sich in den Schatten verbarg. Das Wesen war niemand anders als der schelmische Maestro, ein whimsischer Dirigent, der von weit her gereist war, um die talentiertesten Künstler zu finden.

Fasziniert von Glitzerfüßchens Auftritt näherte sich der Maestro ihr nach der Vorstellung und bot ihr eine einmalige Gelegenheit an - sich seinem reisenden Zirkus anzuschließen und für Publikum auf der ganzen Welt aufzutreten. Glitzerfüßchen war begeistert von der Aussicht, ihr Talent mit anderen zu teilen, und nahm das Angebot des Maestros freudig an.

Und so verabschiedete sich Glitzerfüßchen von Tutuville und machte sich mit dem reisenden Zirkus auf ihr großes Abenteuer. Von den belebten Straßen von Paris bis zu den verschneiten Bergen der Schweiz tanzte Glitzerfüßchen um die Welt, brachte Freude und Staunen zu allen, die sie auftreten sahen.

Doch zwischen dem Glanz und Glamour des Zirkuslebens konnte Glitzerfüßchen nicht umhin, ein Gefühl von Heimweh zu verspüren. Sie vermisste die vertrauten Straßen von Tutuville und die tröstende Umarmung ihrer Familie und Freunde. Und obwohl sie es liebte, für Publikum in der Ferne aufzutreten, sehnte sie sich nach der Wärme und Vertrautheit ihres Zuhauses.

Eines Nachts, als der Zirkus durch einen dichten Wald zog, stieß Glitzerfüßchen auf eine Lichtung, die im Mondlicht gebadet war. In der Mitte der Lichtung stand eine prächtige Eiche, ihre Äste ragten wie ausgestreckte Arme in den Himmel. Als Glitzerfüßchen sich der Eiche näherte, hörte sie eine sanfte, melodische Stimme, die sie ansprach.

"Wer ist dort?" fragte die Stimme, ihr Ton sanft und beruhigend.

"Ich bin es, Glitzerfüßchen", antwortete sie, ihr Herz vor Aufregung rasend.

Zu ihrer Erstaunen gehörte die Stimme niemand anderem als dem Baumgeist, einem mystischen Wächter, der den Wald seit

Jahrhunderten bewachte. Der Baumgeist war von Glitzerfüßchens Tanz gefesselt und hatte auf den perfekten Moment gewartet, sich ihr zu offenbaren.

Bewegt von Glitzerfüßchens Anmut und Talent bot der Baumgeist ihr ein Geschenk an - das Geschenk eines magischen Paar Ballettschuhe, handgefertigt aus den Zweigen der alten Eiche. Mit diesen Schuhen würde Glitzerfüßchen die Kraft des Waldes nutzen können und sie in ihren Tanz kanalisieren, um Aufführungen zu erschaffen, wie sie die Welt noch nie zuvor gesehen hatte.

Überglücklich über die Großzügigkeit des Baumgeistes, schlüpfte Glitzerfüßchen in die verzauberten Ballettschuhe und tanzte unter den Sternen, ihre Bewegungen webten ein Geflecht aus Licht und Schatten. Mit jedem anmutigen Sprung und eleganten Pirouette spürte sie die Energie des Waldes durch ihre Adern fließen, und füllte sie mit einem Gefühl von Staunen und Ehrfurcht.

Von diesem Tag an reiste Glitzerfüßchen weiter mit dem Zirkus, aber jetzt trug sie ein Stück des Waldes mit sich, wohin sie auch ging. Mit ihren magischen Ballettschuhen an ihrer Seite tanzte sie mit einem neu entdeckten Sinn für Zweck und Leidenschaft, inspirierte Zuschauer auf der ganzen Welt mit ihren atemberaubenden Auftritten.

Und obwohl sie weit gereist war, wusste Glitzerfüßchen, dass ihr wahres Zuhause immer unter den Bäumen von Tutuville sein würde, wo ihre Reise begonnen hatte. Und während sie jede Nacht unter den Sternen tanzte, flüsterte sie dem Baumgeist still ein Dankeschön für das kostbare Geschenk, das ihr gegeben worden war.

Captain Saltybeard and the Treasure of Whispering Cove

In the bustling port town of Seashell Bay, where the salty breeze carried the promise of adventure and the seagulls sang their raucous songs, there lived a most notorious pirate - Captain Saltybeard. Now, Captain Saltybeard wasn't your average pirate. While other buccaneers spent their days plundering ships and searching for treasure, Captain Saltybeard had a rather peculiar hobby. He collected seashells.

Yes, you heard that right. Instead of gold doubloons and precious jewels, Captain Saltybeard prized seashells above all else. He believed that each shell held a story of the sea, and he spent hours combing the shores in search of the most exquisite specimens.

But despite his unusual obsession, Captain Saltybeard was still feared and respected by all who knew him. With his weathered face, salty beard, and trusty parrot Squawks perched on his shoulder, he cut a formidable figure as he strode through the streets of Seashell Bay.

One day, as Captain Saltybeard was scouring the coastline for seashells, he stumbled upon a mysterious map buried in the sand. The map depicted an island far beyond the horizon, rumored to be the resting place of a legendary treasure - the Treasure of Whispering Cove.

Intrigued by the promise of untold riches, Captain Saltybeard set sail for Whispering Cove with his loyal crew in tow. As they braved stormy seas and battled fearsome sea monsters, Captain Saltybeard regaled his crew with tales of his seashell collection, much to their amusement.

But as they drew closer to Whispering Cove, they encountered a series of treacherous obstacles - from treacherous whirlpools to towering cliffs - that tested their courage and resolve. Yet through it all, Captain Saltybeard remained undeterred, his determination unwavering as he steered his ship ever closer to the fabled island.

Finally, after many days of perilous travel, Captain Saltybeard and his crew arrived at Whispering Cove, where they were greeted by the haunting sound of whispering winds and crashing waves. With the map in hand, they set off into the heart of the island in search of the elusive treasure.

But as they delved deeper into the jungle, they soon realized that they were not alone. A band of rival pirates, led by the nefarious Captain Blackbeard, was hot on their trail, determined to claim the treasure for themselves.

Undeterred by the threat of their adversaries, Captain Saltybeard and his crew pressed on, following the clues on the map with unwavering determination. Along the way, they encountered all manner of obstacles - from booby-trapped caves to cunning puzzles - but nothing could stand in their way as they drew ever closer to their goal.

Finally, after a series of harrowing trials, Captain Saltybeard and his crew reached the heart of the island, where they uncovered the long-lost Treasure of Whispering Cove. As they gazed upon the glittering hoard of gold and jewels, Captain Saltybeard couldn't help but smile.

But their victory was short-lived, as Captain Blackbeard and his crew emerged from the shadows, ready to claim the treasure for themselves. In a daring showdown, Captain Saltybeard and Captain Blackbeard faced off, their swords clashing as they battled for control of the treasure.

But just as it seemed that all hope was lost, Captain Saltybeard had an idea. Remembering the seashells he had collected throughout their journey, he pulled them out one by one and began to tell their stories - stories of adventure, friendship, and the enduring spirit of the sea.

Moved by Captain Saltybeard's words, Captain Blackbeard and his crew lowered their swords and listened intently, their hearts touched by the tales of the sea. And as the sun set over Whispering Cove, the two crews came together in friendship, united by their love of adventure and the bonds forged on the high seas.

From that day on, Captain Saltybeard and Captain Blackbeard became the greatest of friends, their rivalry forgotten as they set sail together in search of new adventures. And as they sailed into the sunset, the whispers of the sea carried their laughter and song across the waves, echoing for eternity in the hearts of all who heard them.

Kapitän Salzbarth und der Schatz der Flüsterbucht

In der geschäftigen Hafenstadt Muschelbucht, wo die salzige Brise das Versprechen von Abenteuer trug und die Möwen ihre lauten Lieder sangen, lebte ein berüchtigster Pirat - Kapitän Salzbarth. Nun, Kapitän Salzbarth war kein gewöhnlicher Pirat. Während andere Freibeuter ihre Tage damit verbrachten, Schiffe zu plündern und nach Schätzen zu suchen, hatte Kapitän Salzbarth ein ziemlich eigenartiges Hobby. Er sammelte Muscheln.

Ja, du hast richtig gehört. Anstatt Gold-Dublonen und kostbaren Juwelen schätzte Kapitän Salzbarth Muscheln über alles. Er glaubte, dass jede Muschel eine Geschichte des Meeres in sich barg, und verbrachte Stunden damit, die Küsten auf der Suche nach den prächtigsten Exemplaren abzusuchen.

Aber trotz seiner ungewöhnlichen Obsession wurde Kapitän Salzbarth von allen gefürchtet und respektiert, die ihn kannten. Mit seinem wettergegerbten Gesicht, dem salzigen Bart und seinem treuen Papagei Schnatterich auf der Schulter, machte er eine imposante Figur, wenn er durch die Straßen von Muschelbucht schritt.

Eines Tages, als Kapitän Salzbarth die Küste nach Muscheln absuchte, stieß er auf einer geheimnisvollen Karte, die im Sand vergraben war. Die Karte zeigte eine Insel weit jenseits des

Horizonts, von der gemunkelt wurde, dass sie der Ruheplatz eines legendären Schatzes sei - des Schatzes der Flüsterbucht.

Fasziniert von dem Versprechen unermesslichen Reichtums, stach Kapitän Salzbarth mit seiner treuen Besatzung in See. Während sie stürmische Meere durchquerten und furchterregende Seeungeheuer bekämpften, erzählte Kapitän Salzbarth seiner Crew Geschichten von seiner Muschelsammlung, sehr zur Belustigung aller.

Doch als sie sich der Flüsterbucht näherten, trafen sie auf eine Reihe von tückischen Hindernissen - von gefährlichen Strudeln bis zu hoch aufragenden Klippen -, die ihren Mut und ihre Entschlossenheit auf die Probe stellten. Doch trotz allem blieb Kapitän Salzbarth unbeirrt, seine Entschlossenheit unwandelbar, während er sein Schiff immer näher an die sagenumwobene Insel steuerte.

Schließlich, nach vielen Tagen gefährlicher Reise, erreichten Kapitän Salzbarth und seine Crew die Flüsterbucht, wo sie vom unheimlichen Klang der flüsternden Winde und des brechenden Wellen begrüßt wurden. Mit der Karte in der Hand machten sie sich in das Herz der Insel auf, um den entzogenen Schatz zu finden.

Aber als sie tiefer in den Dschungel vordrangen, merkten sie bald, dass sie nicht allein waren. Eine Bande rivalisierender Piraten, angeführt vom hinterhältigen Kapitän Schwarzbarth, war ihnen dicht auf den Fersen und entschlossen, den Schatz für sich zu beanspruchen.

Ungedämpft von der Bedrohung durch ihre Gegner drückten Kapitän Salzbarth und seine Crew weiter, den Hinweisen auf der Karte mit unerschütterlicher Entschlossenheit folgend. Auf dem Weg trafen sie auf allerlei Hindernisse - von mit Fallen gespickten Höhlen bis hin zu raffinierten Rätseln -, aber nichts konnte sie aufhalten, während sie ihrem Ziel immer näher kamen.

Schließlich, nach einer Reihe von beängstigenden Prüfungen, erreichten Kapitän Salzbarth und seine Crew das Herz der Insel, wo sie den lange verlorenen Schatz der Flüsterbucht entdeckten. Als sie auf den glitzernden Haufen aus Gold und Juwelen blickten, konnte Kapitän Salzbarth nicht anders als zu lächeln.

Aber ihr Sieg war nur von kurzer Dauer, als Kapitän Schwarzbarth und seine Crew aus den Schatten auftauchten, bereit, den Schatz für sich zu beanspruchen. In einem kühnen Showdown standen sich Kapitän Salzbarth und Kapitän Schwarzbarth gegenüber, ihre Schwerter klirrten, als sie um die Kontrolle über den Schatz kämpften.

Doch gerade als es schien, als sei alle Hoffnung verloren, hatte Kapitän Salzbarth eine Idee. Erinnernd an die Muscheln, die er während ihrer Reise gesammelt hatte, zog er sie nacheinander heraus und begann, ihre Geschichten zu erzählen - Geschichten von Abenteuer, Freundschaft und dem unvergänglichen Geist des Meeres.

Von Kapitän Salzbarths Worten bewegt, senkte Kapitän Schwarzbarth und seine Crew ihre Schwerter und lauschten aufmerksam, ihre Herzen berührt von den Geschichten des

Meeres. Und als die Sonne über der Flüsterbucht unterging, kamen die beiden Crews in Freundschaft zusammen, vereint durch ihre Liebe zum Abenteuer und die Bande, die auf hoher See geschmiedet wurden.

Von diesem Tag an wurden Kapitän Salzbarth und Kapitän Schwarzbarth die größten Freunde, ihre Rivalität vergessen, während sie gemeinsam in See stachen, um neue Abenteuer zu erleben. Und während sie in den Sonnenuntergang segelten, trugen die Flüstern des Meeres ihr Lachen und ihren Gesang über die Wellen, die für die Ewigkeit in den Herzen aller zu hören waren.

The Enchanted Bookstore: A Tale of Magic and Adventure

In the quaint little town of Bookington, nestled between rolling green hills and shimmering streams, there stood a most extraordinary bookstore. This was no ordinary bookstore, mind you. It was called "The Enchanted Bookstore," and it was run by a peculiar old man named Mr. Mumbles. Now, Mr. Mumbles was a kind-hearted soul, but he had a curious habit of talking to his books as if they were old friends.

Every day, children from all over Bookington would flock to The Enchanted Bookstore, eager to listen to Mr. Mumbles' whimsical tales and lose themselves in the magical world of books. The bookstore itself was a wonder to behold, with shelves that stretched all the way to the ceiling and books that seemed to glow with an otherworldly light.

One sunny afternoon, a young girl named Lucy stepped into The Enchanted Bookstore for the very first time. Lucy was a bright and curious child with a mop of curly hair and eyes that sparkled with mischief. She had heard tales of the magical bookstore from her friends and was eager to see it for herself.

As Lucy wandered through the aisles, she marveled at the vast array of books, each one seemingly more enchanting than the last. Suddenly, a particular book caught her eye. It was an old, dusty tome with a gilded cover and the title "The Book of Endless Adventures" emblazoned in shimmering letters.

Unable to resist, Lucy reached out and carefully pulled the book from the shelf. As she opened it, a soft, golden light enveloped her, and she found herself transported to a strange and wondrous land. She was standing in a lush, green meadow, surrounded by towering mountains and a crystal-clear river that sparkled in the sunlight.

"Welcome, Lucy!" boomed a cheerful voice. Lucy turned to see a jolly old man with a bushy white beard and twinkling eyes. He wore a robe that shimmered like stardust and carried a staff adorned with glowing runes.

"Who are you?" Lucy asked, wide-eyed with wonder.

"I am Professor Whimsy, the Keeper of The Book of Endless Adventures," the old man replied with a warm smile. "You, my dear, have been chosen to embark on a grand adventure. Are you ready?"

Lucy nodded eagerly, her heart racing with excitement. With a wave of his staff, Professor Whimsy conjured a magnificent hot air balloon, its vibrant colors dancing in the breeze. "Climb aboard, Lucy! Our adventure awaits!"

As the balloon soared high above the treetops, Lucy marveled at the breathtaking sights below. They passed over enchanted forests, shimmering lakes, and bustling villages, each one teeming with magical creatures and fantastical beings.

Their first stop was the Village of Whispers, a quaint little town where the buildings seemed to hum with a gentle melody. The villagers greeted them warmly, their voices barely above a whisper. Professor Whimsy explained that the villagers were under a spell that made them speak in hushed tones, and it was up to Lucy to break the enchantment.

With a clever plan and a bit of courage, Lucy discovered that the spell could be broken by finding the lost Songstone, a magical gem hidden deep within the Whispering Woods. She set off on her quest, accompanied by a mischievous sprite named Tink and a wise old owl named Hoot.

After a series of thrilling adventures and clever riddles, Lucy and her newfound friends located the Songstone and returned it to the Village of Whispers. As she placed the gem in the village square, the air was filled with a beautiful, harmonious song. The villagers' voices returned to normal, and they cheered in gratitude, celebrating their newfound freedom.

Their next stop was the Enchanted Lagoon, a magical body of water said to hold the secret to eternal youth. However, the lagoon was guarded by a fearsome dragon named Drako. Determined to prove her bravery, Lucy approached the dragon with a heart full of courage and kindness.

To her surprise, she discovered that Drako was not the fearsome beast everyone believed him to be. He was simply lonely and misunderstood. With a few kind words and a promise of friendship, Lucy persuaded Drako to share the secret of the Enchanted Lagoon. In return, she promised to visit him often, ensuring he would never be lonely again.

As they continued their journey, Lucy and Professor Whimsy encountered countless wonders and overcame numerous challenges. They sailed across the Sea of Dreams, climbed the Tower of Time, and even ventured into the Caverns of Courage. With each adventure, Lucy's confidence grew, and she learned valuable lessons about bravery, kindness, and the power of imagination.

Finally, their journey led them to the Castle of Enchantment, a magnificent fortress perched atop a towering cliff. Inside, they discovered a vast library filled with ancient tomes and magical artifacts. At the center of the library stood a grand pedestal, upon which rested The Book of Endless Adventures.

Professor Whimsy turned to Lucy with a twinkle in his eye. "You have done well, Lucy. But our greatest challenge lies ahead. The Book of Endless Adventures has chosen you to be its new Keeper. Are you ready to accept this great responsibility?"

With a heart full of determination, Lucy stepped forward and placed her hand on the book. In an instant, she was surrounded by a brilliant light, and she felt a surge of power and knowledge flow through her. She knew that she was now the Keeper of The Book of Endless Adventures, and it was her duty to share its magic with the world.

As the light faded, Lucy found herself back in The Enchanted Bookstore, clutching the book tightly in her hands. Mr. Mumbles smiled warmly at her, his eyes twinkling with pride. "Welcome back, Lucy. I see you have had quite the adventure."

Lucy grinned, her heart brimming with excitement and wonder. "Thank you, Mr. Mumbles. I can't wait to share all the amazing stories with everyone!"

And so, from that day on, Lucy became the new Keeper of The Enchanted Bookstore, sharing the magic of The Book of Endless Adventures with all who entered its doors. The children of Bookington would gather around, their eyes wide with wonder, as Lucy spun tales of bravery, friendship, and the limitless power of imagination.

And as the sun set over the town of Bookington, the gentle hum of the bookstore filled the air, a reminder that magic and adventure could be found in the pages of a book, waiting for those who dared to dream.

Der Zauberbuchladen: Eine Geschichte voller Magie und Abenteuer

In der malerischen kleinen Stadt Bookington, eingebettet zwischen sanften grünen Hügeln und funkelnden Bächen, stand ein äußerst außergewöhnlicher Buchladen. Dies war kein gewöhnlicher Buchladen, wohlgemerkt. Er hieß "Der Zauberbuchladen" und wurde von einem eigentümlichen alten Mann namens Herr Murmler geführt. Nun, Herr Murmler war eine gutherzige Seele, aber er hatte die merkwürdige Angewohnheit, mit seinen Büchern zu sprechen, als wären sie alte Freunde.

Jeden Tag strömten Kinder aus ganz Bookington in den Zauberbuchladen, begierig darauf, Herrn Murmlers fantasievollen Geschichten zu lauschen und sich in der magischen Welt der Bücher zu verlieren. Der Buchladen selbst war ein Wunder zu bestaunen, mit Regalen, die bis zur Decke reichten, und Büchern, die mit einem überirdischen Licht zu leuchten schienen.

Eines sonnigen Nachmittags betrat ein junges Mädchen namens Lucy zum allerersten Mal den Zauberbuchladen. Lucy war ein aufgewecktes und neugieriges Kind mit einem Haufen lockiger Haare und Augen, die vor Schalk funkelten. Sie hatte von ihren Freunden Geschichten über den magischen Buchladen gehört und war gespannt, ihn selbst zu sehen.

Während Lucy durch die Gänge wanderte, bestaunte sie die Vielzahl von Büchern, von denen jedes scheinbar bezaubernder war als das letzte. Plötzlich fiel ihr ein besonderes Buch ins Auge. Es war ein altes, staubiges Buch mit einem goldenen Einband und dem Titel "Das Buch der endlosen Abenteuer", der in schimmernden Buchstaben prangte.

Unfähig zu widerstehen, griff Lucy danach und zog das Buch vorsichtig aus dem Regal. Als sie es öffnete, umhüllte sie ein sanftes, goldenes Licht, und sie fand sich in einem seltsamen und wunderbaren Land wieder. Sie stand auf einer üppigen, grünen Wiese, umgeben von hohen Bergen und einem kristallklaren Fluss, der im Sonnenlicht funkelte.

"Willkommen, Lucy!" ertönte eine fröhliche Stimme. Lucy drehte sich um und sah einen fröhlichen alten Mann mit einem buschigen weißen Bart und funkelnden Augen. Er trug ein Gewand, das wie Sternenstaub schimmerte, und hielt einen Stab, der mit leuchtenden Runen verziert war.

"Wer bist du?" fragte Lucy, die Augen weit aufgerissen vor Staunen.

"Ich bin Professor Whimsy, der Hüter des Buches der endlosen Abenteuer", antwortete der alte Mann mit einem warmen Lächeln. "Du, meine Liebe, wurdest ausgewählt, um ein großes Abenteuer zu erleben. Bist du bereit?"

Lucy nickte eifrig, ihr Herz schlug vor Aufregung schneller. Mit einer Bewegung seines Stabs zauberte Professor Whimsy einen prächtigen Heißluftballon herbei, dessen lebendige Farben im Wind tanzten. "Steig ein, Lucy! Unser Abenteuer wartet!"

Während der Ballon hoch über den Baumwipfeln schwebte, bestaunte Lucy die atemberaubenden Aussichten darunter. Sie flogen über verzauberte Wälder, funkelnde Seen und geschäftige Dörfer, jedes von ihnen bevölkert von magischen Kreaturen und fantastischen Wesen.

Ihr erster Halt war das Dorf der Flüstern, ein malerischer kleiner Ort, in dem die Gebäude eine sanfte Melodie zu summen schienen. Die Dorfbewohner begrüßten sie herzlich, ihre Stimmen kaum mehr als ein Flüstern. Professor Whimsy erklärte, dass die Dorfbewohner unter einem Zauber standen, der sie dazu brachte, in gedämpften Tönen zu sprechen, und dass es an Lucy lag, den Zauber zu brechen.

Mit einem klugen Plan und etwas Mut entdeckte Lucy, dass der Zauber gebrochen werden konnte, indem der verlorene Gesangsstein gefunden wurde, ein magischer Edelstein, der tief im Flüsterwald verborgen war. Sie brach zu ihrer Suche auf, begleitet von einem schelmischen Kobold namens Tink und einer weisen alten Eule namens Hoot.

Nach einer Reihe aufregender Abenteuer und kniffliger Rätsel fanden Lucy und ihre neuen Freunde den Gesangsstein und brachten ihn ins Dorf der Flüstern zurück. Als sie den Edelstein auf den Dorfplatz legte, erfüllte die Luft ein wunderschöner, harmonischer Gesang. Die Stimmen der Dorfbewohner kehrten zur Normalität zurück, und sie jubelten vor Dankbarkeit und feierten ihre neue Freiheit.

Ihr nächster Halt war die Verzauberte Lagune, ein magischer See, der das Geheimnis der ewigen Jugend bergen soll.

Allerdings wurde die Lagune von einem furchterregenden Drachen namens Drako bewacht. Entschlossen, ihren Mut zu beweisen, näherte sich Lucy dem Drachen mit einem Herz voller Tapferkeit und Güte.

Zu ihrer Überraschung stellte sie fest, dass Drako nicht das furchterregende Ungeheuer war, für das ihn alle hielten. Er war einfach nur einsam und missverstanden. Mit ein paar freundlichen Worten und dem Versprechen einer Freundschaft überzeugte Lucy Drako, das Geheimnis der Verzauberten Lagune zu teilen. Im Gegenzug versprach sie, ihn oft zu besuchen, damit er nie wieder einsam sein würde.

Während sie ihre Reise fortsetzten, erlebten Lucy und Professor Whimsy unzählige Wunder und überwanden zahlreiche Herausforderungen. Sie segelten über das Meer der Träume, erklommen den Turm der Zeit und wagten sich sogar in die Höhlen des Mutes. Mit jedem Abenteuer wuchs Lucys Selbstvertrauen, und sie lernte wertvolle Lektionen über Tapferkeit, Freundlichkeit und die Macht der Fantasie.

Schließlich führte ihre Reise sie zum Schloss der Verzauberung, einer prächtigen Festung, die hoch oben auf einer Klippe thronte. Drinnen entdeckten sie eine riesige Bibliothek voller alter Bücher und magischer Artefakte. Im Zentrum der Bibliothek stand ein prächtiges Podest, auf dem das Buch der endlosen Abenteuer ruhte.

Professor Whimsy wandte sich mit funkelnden Augen an Lucy. "Du hast dich gut geschlagen, Lucy. Aber unsere größte Herausforderung steht uns noch bevor. Das Buch der endlosen

Abenteuer hat dich ausgewählt, sein neuer Hüter zu sein. Bist du bereit, diese große Verantwortung zu übernehmen?"

Mit einem Herz voller Entschlossenheit trat Lucy vor und legte ihre Hand auf das Buch. In einem Augenblick war sie von einem strahlenden Licht umgeben, und sie spürte eine Welle von Kraft und Wissen durch sich fließen. Sie wusste, dass sie nun die Hüterin des Buches der endlosen Abenteuer war und es ihre Aufgabe war, seine Magie mit der Welt zu teilen.

Als das Licht verblasste, fand sich Lucy wieder im Zauberbuchladen, das Buch fest in den Händen haltend. Herr Murmler lächelte sie warm an, seine Augen funkelten vor Stolz. "Willkommen zurück, Lucy. Ich sehe, du hattest ein großes Abenteuer."

Lucy grinste, ihr Herz erfüllt von Aufregung und Staunen. "Danke, Herr Murmler. Ich kann es kaum erwarten, all die wunderbaren Geschichten mit allen zu teilen!"

Und so wurde Lucy von diesem Tag an die neue Hüterin des Zauberbuchladens, teilte die Magie des Buches der endlosen Abenteuer mit allen, die seine Türen betraten. Die Kinder von Bookington versammelten sich, ihre Augen weit vor Staunen, während Lucy Geschichten von Tapferkeit, Freundschaft und der grenzenlosen Macht der Fantasie erzählte.

Und während die Sonne über der Stadt Bookington unterging, erfüllte das sanfte Summen des Buchladens die Luft, eine Erinnerung daran, dass Magie und Abenteuer in den Seiten eines Buches zu finden sind, die darauf warten, von denen entdeckt zu werden, die es wagen zu träumen.

Ellie and the Enchanted Peanut Patch

In the heart of the sprawling jungle, where the trees towered high and the air buzzed with the sounds of nature, there lived a most extraordinary elephant named Ellie. Now, Ellie wasn't your average elephant. While other elephants spent their days munching on leaves and splashing in the river, Ellie had a rather peculiar passion. She adored peanuts.

Yes, you heard it right. Peanuts. Ellie couldn't get enough of them. She loved their crunchy texture and nutty flavor, and she would do just about anything for a handful of the delicious nuts.

But there was one problem - peanuts were scarce in the jungle. They only grew in a small patch on the far side of the river, and the journey to reach them was treacherous. The river was teeming with crocodiles, and the path was lined with thorny bushes and tangled vines. But none of that deterred Ellie. She was determined to get her trunk on some peanuts, no matter what.

So, one sunny morning, Ellie set off on her grand adventure to the enchanted peanut patch. With her ears flapping in the breeze and her trunk held high, she waded into the river, ignoring the curious stares of the other animals.

As she reached the opposite bank, Ellie encountered her first obstacle - a massive crocodile blocking her path. But Ellie wasn't about to let a little reptile stand in her way. With a mighty trumpet, she charged at the crocodile, sending it scurrying back into the water with its tail between its legs.

With the crocodile out of the way, Ellie continued on her journey, pushing through the thorny bushes and ducking under the tangled vines. She was determined to reach the peanut patch, no matter what it took.

Finally, after what felt like an eternity, Ellie emerged into a clearing filled with rows upon rows of lush green peanut plants. Her eyes lit up with excitement as she spotted the plump, juicy peanuts dangling from the branches.

But just as Ellie was about to reach out and grab a handful of peanuts, she heard a soft voice calling out to her. Startled, she turned around to see a tiny mouse peering out from behind a nearby bush.

"Wait!" the mouse squeaked, its whiskers twitching with excitement. "Those peanuts belong to the Peanut Pixies, and they don't take kindly to strangers."

Ellie paused, her trunk hovering over the peanuts. She had heard tales of the mischievous Peanut Pixies, magical creatures who guarded the peanut patch with fierce determination. But Ellie wasn't about to let a few pesky pixies stand between her and her beloved peanuts.

Ignoring the mouse's warnings, Ellie reached out and plucked a peanut from the nearest plant. Instantly, the air was filled with a loud buzzing sound as dozens of Peanut Pixies descended upon the patch, their tiny wings fluttering with anger.

"Who dares to disturb our precious peanuts?" one of the pixies screeched, its voice echoing through the clearing.

"It is I, Ellie the Elephant!" Ellie declared proudly, standing tall despite the swarm of angry pixies surrounding her. "And I will not rest until I have had my fill of these delicious nuts!"

The Peanut Pixies were taken aback by Ellie's boldness. They had never encountered an elephant with such courage and determination before. After a moment of hesitation, the leader of the pixies stepped forward, a gleam of admiration in her eyes.

"Very well, Ellie the Elephant," the pixie said, her voice softened. "You have proven yourself worthy of our peanuts. You may take as many as you like, but promise us this - never again will you disturb the peace of the enchanted peanut patch."

Ellie nodded solemnly, her trunk reaching out to gather up the peanuts. As she turned to leave, she glanced back at the Peanut Pixies, a grateful smile on her face.

"Thank you, Peanut Pixies," she said, her voice filled with sincerity. "I will never forget your kindness."

And with that, Ellie set off on her journey back home, her heart full of joy and her belly full of peanuts. From that day on, she would always remember the magical adventure she had shared with the Peanut Pixies, and she would cherish the memory of the enchanted peanut patch forever.

Ellie und das Verzauberte Erdnussfeld

Inmitten des ausgedehnten Dschungels, wo die Bäume hoch emporragten und die Luft von den Geräuschen der Natur erfüllt war, lebte ein ganz außergewöhnlicher Elefant namens Ellie. Nun, Ellie war kein gewöhnlicher Elefant. Während andere Elefanten ihre Tage damit verbrachten, Blätter zu mampfen und im Fluss zu planschen, hatte Ellie eine recht eigenartige Leidenschaft. Sie verehrte Erdnüsse.

Ja, du hast richtig gehört. Erdnüsse. Ellie konnte einfach nicht genug von ihnen bekommen. Sie liebte ihre knusprige Textur und den nussigen Geschmack, und sie würde so ziemlich alles tun, um eine Handvoll dieser köstlichen Nüsse zu bekommen.

Aber es gab ein Problem - Erdnüsse waren im Dschungel rar. Sie wuchsen nur in einem kleinen Feld auf der anderen Seite des Flusses, und die Reise dorthin war gefährlich. Der Fluss wimmelte von Krokodilen, und der Pfad war gesäumt von dornigen Büschen und verworrenen Ranken. Aber nichts davon schreckte Ellie ab. Sie war fest entschlossen, an einige Erdnüsse zu gelangen, egal was es kostete.

Also, an einem sonnigen Morgen, machte sich Ellie auf zu ihrem großen Abenteuer zum verzauberten Erdnussfeld. Mit den Ohren flatternd im Wind und dem Rüssel hoch gehalten, watschelte sie in den Fluss, ignorierte die neugierigen Blicke der anderen Tiere.

Als sie das gegenüberliegende Ufer erreichte, stieß Ellie auf ihr erstes Hindernis - ein riesiges Krokodil versperrte ihr den Weg. Aber Ellie war nicht bereit, sich von einem kleinen Reptil aufhalten zu lassen. Mit einem mächtigen Trompeten stürmte sie auf das Krokodil zu, das daraufhin mit eingekniffenem Schwanz ins Wasser zurückwich.

Mit dem Krokodil aus dem Weg setzte Ellie ihre Reise fort, drängte durch die dornigen Büsche und duckte sich unter den verworrenen Ranken hindurch. Sie war fest entschlossen, das Erdnussfeld zu erreichen, egal was es kostete.

Endlich, nachdem es eine Ewigkeit gedauert hatte, tauchte Ellie in eine Lichtung ein, die voll von Reihen saftig grüner Erdnusspflanzen war. Ihre Augen leuchteten vor Aufregung, als sie die prallen, saftigen Erdnüsse an den Zweigen entdeckte.

Aber gerade als Ellie dabei war, nach den Erdnüssen zu greifen, hörte sie eine leise Stimme, die sie rief. Erschrocken drehte sie sich um und sah eine winzige Maus hinter einem nahegelegenen Busch hervorlugen.

"Warte!" quietschte die Maus, deren Schnurrhaare vor Aufregung zuckten. "Diese Erdnüsse gehören den Erdnuss-Feen, und sie mögen keine Fremden."

Ellie hielt inne, ihr Rüssel schwebte über den Erdnüssen. Sie hatte von den boshaften Erdnuss-Feen gehört, magischen Wesen, die das Erdnussfeld mit eiserner Entschlossenheit bewachten. Aber Ellie war nicht bereit, ein paar lästige Feen zwischen sich und ihren geliebten Erdnüssen stehen zu lassen.

Die Warnungen der Maus ignorierend, griff Ellie nach einer Erdnuss von der nächstgelegenen Pflanze. Augenblicklich erfüllte ein lautes Summen die Luft, als Dutzende von Erdnuss-Feen auf das Feld herabstiegen, ihre winzigen Flügel vor Wut flatternd.

"Wer wagt es, unsere kostbaren Erdnüsse zu stören?" kreischte eine der Feen, deren Stimme durch die Lichtung hallte.

"Ich bin es, Ellie der Elefant!" erklärte Ellie stolz, trotz des Schwarmes wütender Feen, die sie umgaben. "Und ich werde nicht ruhen, bevor ich mich nicht mit diesen köstlichen Nüssen satt gegessen habe!"

Die Erdnuss-Feen waren von Ellies Kühnheit überrascht. Sie hatten noch nie einen Elefanten mit so viel Mut und Entschlossenheit getroffen. Nach einem Moment des Zögerns trat die Anführerin der Feen vor, ein Glanz der Bewunderung in ihren Augen.

"Sehr gut, Ellie der Elefant", sagte die Fee, ihre Stimme weicher. "Du hast dich als würdig erwiesen, unsere Erdnüsse zu erhalten. Du darfst so viele nehmen, wie du möchtest, aber versprich uns das - du wirst nie wieder den Frieden des verzauberten Erdnussfeldes stören."

Ellie nickte feierlich, ihr Rüssel griff nach den Erdnüssen. Als sie sich umdrehte, warf sie einen Blick auf die Erdnuss-Feen, ein dankbares Lächeln auf ihrem Gesicht.

"Danke, Erdnuss-Feen", sagte sie, ihre Stimme voller Aufrichtigkeit. "Ich werde eure Freundlichkeit nie vergessen."

Und damit machte sich Ellie auf den Rückweg nach Hause, ihr Herz voller Freude und ihr Bauch voller Erdnüsse. Von diesem Tag an würde sie sich immer an das magische Abenteuer erinnern, das sie mit den Erdnuss-Feen geteilt hatte, und die Erinnerung an das verzauberte Erdnussfeld für immer schätzen.

Dexter the Dragon

In the rolling hills of Dragonlandia, where the sky was always painted with vibrant hues of orange and pink, there lived a most peculiar dragon named Dexter. Now, Dexter wasn't your typical fire-breathing, fearsome dragon. In fact, he was quite the opposite. While other dragons spent their days terrorizing villagers and hoarding treasure, Dexter preferred to spend his time baking delicious treats in his cozy cave.

Yes, you heard that right. Dexter loved nothing more than experimenting with new recipes and concocting mouth-watering desserts. From sizzling cinnamon buns to gooey chocolate chip cookies, Dexter's cave was always filled with the tantalizing aroma of freshly baked goodies.

But despite his culinary talents, Dexter's fellow dragons often teased him for his unusual hobby. They couldn't understand why he would waste his time baking when he could be out wreaking havoc and causing chaos like a proper dragon.

One day, as Dexter was putting the finishing touches on a batch of raspberry scones, he heard a faint cry coming from the forest. Curious, he followed the sound until he stumbled upon a young girl named Lily, who was trapped in a thicket of thorns.

"Help me, please!" Lily cried, her eyes wide with fear.

Without hesitation, Dexter rushed to her side and used his sharp claws to cut through the thorns, freeing Lily from her tangled prison. Grateful for his help, Lily thanked Dexter and introduced herself.

"I'm Lily," she said, smiling up at the dragon. "And I'm on a quest to find the legendary Golden Rose to save my village from a terrible curse."

Dexter's eyes widened with excitement at the mention of the Golden Rose. He had heard tales of the mystical flower, said to possess the power to break any curse and bring prosperity to those who possessed it.

"I'll help you find the Golden Rose, Lily," Dexter declared, his heart filled with determination. "Together, we'll save your village and prove that even a dragon like me can be a hero."

And so, Dexter and Lily set off on their quest, journeying through dark forests and treacherous mountains in search of the fabled Golden Rose. Along the way, they encountered all sorts of obstacles - from fierce ogres to cunning witches - but nothing could dampen their spirits as they pressed onward.

As they ventured deeper into the heart of Dragonlandia, Dexter and Lily's friendship blossomed, each of them learning valuable lessons from the other. Lily taught Dexter the true meaning of bravery and selflessness, while Dexter showed Lily that even the most unlikely heroes could possess great strength and courage.

Finally, after many days of perilous travel, Dexter and Lily arrived at the foot of the legendary Crystal Mountain, where the Golden Rose was said to bloom. But as they approached the mountain, they were met by a fearsome dragon guarding the entrance.

"Who dares to disturb my domain?" the dragon roared, its eyes blazing with fury.

Dexter stepped forward, his heart pounding with determination. "We seek the Golden Rose to save Lily's village from a terrible curse," he declared boldly. "Will you stand in our way, or will you let us pass?"

The dragon regarded Dexter with a mixture of surprise and admiration. "You are unlike any dragon I have ever met," it said, its voice softened. "Very well, you may pass. But be warned - the path to the Golden Rose is fraught with danger, and only the bravest and most determined of souls can hope to reach it."

Undeterred by the dragon's warning, Dexter and Lily pressed onward, climbing higher and higher up the mountain until they reached the summit. And there, nestled among a bed of shimmering crystals, they found the Golden Rose, its petals glowing with a radiant light.

With trembling hands, Lily plucked the flower from its resting place and held it aloft, a triumphant smile on her face. "We did it, Dexter," she said, her voice filled with joy. "We found the Golden Rose."

And as the first light of dawn broke over the horizon, Dexter and Lily set off on their journey back to Lily's village, their hearts filled with hope and their friendship stronger than ever before. For they knew that no matter what challenges lay ahead, as long as they had each other, they could overcome anything that came their way.

And so, as they disappeared over the horizon, the legend of Dexter the Dragon and Lily the Brave spread far and wide, inspiring generations to come with their tale of courage, friendship, and the power of believing in oneself.

Dexter der Drache

In den sanften Hügeln von Drachenland, wo der Himmel immer mit lebhaften Farben von Orange und Pink bemalt war, lebte ein ganz besonderer Drache namens Dexter. Nun, Dexter war nicht dein typischer feuerspeiender, furchterregender Drache. Tatsächlich war er das genaue Gegenteil. Während andere Drachen ihre Tage damit verbrachten, Dorfbewohner zu terrorisieren und Schätze anzuhäufen, verbrachte Dexter lieber seine Zeit damit, köstliche Leckereien in seiner gemütlichen Höhle zu backen.

Ja, du hast richtig gehört. Dexter liebte nichts mehr als das Experimentieren mit neuen Rezepten und das Zubereiten von mundwässernden Desserts. Von knusprigen Zimtschnecken bis hin zu klebrigen Schokoladenkekse, Dexters Höhle war immer erfüllt von dem verlockenden Duft frisch gebackener Köstlichkeiten.

Aber trotz seiner kulinarischen Talente wurden Dexter's Drachenkollegen oft wegen seines ungewöhnlichen Hobbys verspottet. Sie konnten nicht verstehen, warum er seine Zeit damit verschwendete zu backen, wenn er wie ein richtiger Drache Unheil stiften und Chaos verursachen könnte.

Eines Tages, als Dexter die letzten Handgriffe an einer Ladung Himbeerscones machte, hörte er einen schwachen Schrei aus dem Wald. Neugierig folgte er dem Klang, bis er auf ein junges

Mädchen namens Lily stieß, das in einem Dornengestrüpp gefangen war.

"Hilf mir bitte!" rief Lily, ihre Augen weit vor Angst.

Ohne zu zögern, eilte Dexter zu ihrer Seite und benutzte seine scharfen Krallen, um die Dornen zu durchtrennen und Lily aus ihrem verwickelten Gefängnis zu befreien. Dankbar für seine Hilfe bedankte sich Lily bei Dexter und stellte sich vor.

"Ich bin Lily", sagte sie und lächelte den Drachen an. "Und ich bin auf der Suche nach der legendären Goldenen Rose, um mein Dorf vor einem schrecklichen Fluch zu retten."

Dexters Augen weiteten sich vor Aufregung bei der Erwähnung der Goldenen Rose. Er hatte Geschichten von der mystischen Blume gehört, die gesagt wurde, die Kraft zu besitzen, jeden Fluch zu brechen und Wohlstand zu bringen für diejenigen, die sie besaßen.

"Ich werde dir helfen, die Goldene Rose zu finden, Lily", erklärte Dexter, sein Herz erfüllt mit Entschlossenheit. "Gemeinsam werden wir dein Dorf retten und beweisen, dass selbst ein Drache wie ich ein Held sein kann."

Und so machten sich Dexter und Lily auf ihre Suche, durch dunkle Wälder und gefährliche Berge auf der Suche nach der berühmten Goldenen Rose. Unterwegs trafen sie auf alle Arten von Hindernissen - von wilden Oger bis hin zu listigen Hexen - aber nichts konnte ihren Geist dämpfen, während sie weiter voranschritten.

Als sie tiefer in das Herz von Drachenland vordrangen, erblühte die Freundschaft zwischen Dexter und Lily, und jeder von ihnen lernte wertvolle Lektionen vom anderen. Lily lehrte Dexter die wahre Bedeutung von Tapferkeit und Selbstlosigkeit, während Dexter Lily zeigte, dass selbst die unwahrscheinlichsten Helden große Stärke und Mut besitzen können.

Schließlich, nach vielen Tagen voller gefährlicher Reisen, erreichten Dexter und Lily den Fuß des legendären Kristallbergs, wo die Goldene Rose blühen sollte. Aber als sie sich dem Berg näherten, wurden sie von einem furchterregenden Drachen bewacht, der den Eingang bewachte.

"Wer wagt es, mein Gebiet zu stören?" brüllte der Drache, seine Augen vor Wut glühend.

Dexter trat vor, sein Herz pochte vor Entschlossenheit. "Wir suchen die Goldene Rose, um das Dorf von Lily vor einem schrecklichen Fluch zu retten", erklärte er kühn. "Wirst du uns im Weg stehen oder uns passieren lassen?"

Der Drache betrachtete Dexter mit einer Mischung aus Überraschung und Bewunderung. "Du bist anders als jeder Drache, den ich je getroffen habe", sagte er, seine Stimme weicher. "Sehr gut, ihr dürft passieren. Aber sei gewarnt - der Weg zur Goldenen Rose ist voller Gefahren, und nur die mutigsten und entschlossensten Seelen können hoffen, sie zu erreichen."

Ungeduldig wegen der Warnung des Drachen drückten Dexter und Lily weiter, kletterten höher und höher den Berg hinauf, bis sie den Gipfel erreichten. Und dort, eingebettet in einem

Bett aus schimmernden Kristallen, fanden sie die Goldene Rose, deren Blütenblätter mit einem strahlenden Licht leuchteten.

Mit zitternden Händen pflückte Lily die Blume von ihrem Ruheplatz und hielt sie triumphierend in die Höhe, ein siegreiches Lächeln auf ihrem Gesicht. "Wir haben es geschafft, Dexter", sagte sie, ihre Stimme vor Freude erfüllt. "Wir haben die Goldene Rose gefunden."

Und als das erste Licht des Morgens über den Horizont brach, machten sich Dexter und Lily auf den Weg zurück ins Dorf von Lily, ihre Herzen erfüllt von Hoffnung und ihre Freundschaft stärker als je zuvor. Denn sie wussten, dass egal welche Herausforderungen ihnen bevorstanden, solange sie einander hatten, konnten sie alles überwinden, was ihnen in den Weg kam.

Und so, als sie über den Horizont verschwanden, verbreitete sich die Legende von Dexter dem Drachen und Lily der Tapferen weit und breit und inspirierte zukünftige Generationen mit ihrer Geschichte von Mut, Freundschaft und der Kraft, an sich selbst zu glauben.